한분순 시화집
언젠가의
연애
편지
시조 · 한분순 | 그림 · 민병도
목언예원

언젠가의 연애편지

시조 · 한분순
그림 · 민병도
펴낸이 · 민병도
펴낸곳 · 목언예원

초판 인쇄 : 2012년 9월 15일
초판 발행 : 2012년 9월 20일

목언예원
출판등록 : 2003년 2월 28일 제8호
경북 청도군 금천면 신지2리 390-2
전화 : 054-371-3544 (팩스겸용)
E-mail : mbdo@daum.net

ISBN 978-89-94733-14-2 03810

가격 : 20,000원

한분순 시화집

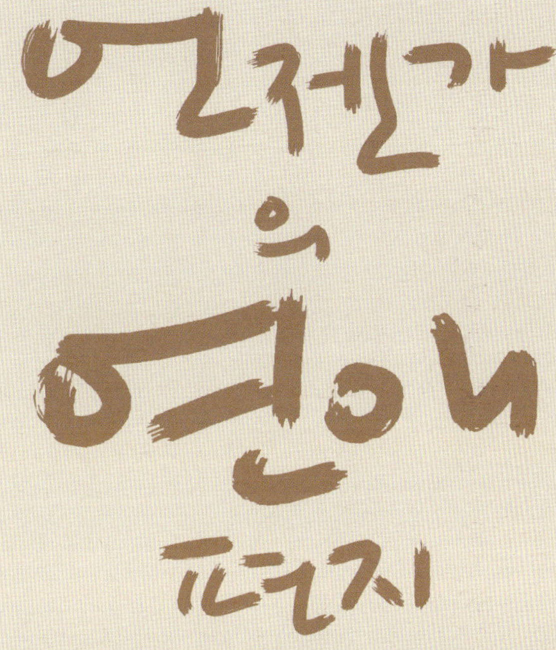

시조 · 한분순 | 그림 · 민병도

차례

1부

2부

그새 부치지 않은 연애편지가 이렇듯 시로 쌓였다.

한 분 순

시와 그림은

한 세계의 다른 표현이다.

시조와 한국화 또한

한 세계의 다른 표현일 뿐이다.

다만 시조가 시대정신의

진단에 무게를 둔다면

한국화는 그 처방에 무게가

조금 더 실릴는지 모르겠다.

한 생애 민족시에 진력해온

한분순 시인의 칠순을

기념하고 축하하기 위하여

이 시조화집을 기획하였다.

민 병 도

001

안부 한 잎 | 노을이 그녀를 좋아해서 | 갈색의 파문 | 손금을 바꾼 날 | 고뇌의 만취 | 목어를 놓아주다 | 망각의 포옹 | 서성이다 꽃물 들다 | 피안의 오수 | 상사초 | 상상, 원색으로 | 가을 햇살 | 봄날, 간지러움 | 고향에 내려간 낮잠 | 서정의 취사 | 푸른 은둔 | 손톱에 달이 뜬다 | 서울 한밤 | 언젠가의 연애편지 | 꽃을 꺾지 마세요

—— 無爲自然 1208

안부 한 잎

누가 심은
고백일까
가지에 열린 엽서

찾는 이
하도 없어
제풀에 시든다

바람의
농에도 웃지 못해
종일 흔드는 애태움.

노을이 그녀를 좋아해서

하루쯤은 사랑에 놀아나도 괜찮다
금홍빛 실타래를 거두어 새 옷 짓고
저 아래 내려다보며
감싸 쥐는 붉은 곤지.

꽃불에 얹어 건넨 정중한 수작의 자락
타오름 억누르고 다가서자 고개 드는
나긋한 그 이마 위로
밤을 덮는 저녁놀.

—— 無爲自然 3

갈색의 파문

커피를 마시다가
손안에 잡힌
슬픔을 본다

잔 가득
일렁이는
그리움의 파편들

목 타는
시간을 기려
마감하는 혼잣말.

찻집의
다정한 공기
지친 숨결 잠재운다

흐르는
노래에 맞춰
피로를 꿰다 보면

갈색의
파문 안으로
하늘 담겨 찰랑댄다.

—— 自然無爲 3

—— 無爲江山 10

손금을 바꾼 날

물끄러미 들여다본
손금에
고여 있는 삶

밝은 길만 찾아내어
이어 보는
또 다른
꿈

가만히 움켜쥐고는
즐겁게만
바꾸는
날.

고뇌의 만취

꽃망울 속이었나
땅 지고 누운
풀잎

삶이 돋아나는 한 뼘에
스며드는 빗줄기

야윈 듯 섧은 몸 타고
흙을 만나
검은 술 된다.

숨차는 하루 들이켜
숨쉬는
굳은 걸음

휘파람 잡으려
바람 앞 달리는데

죽도록 살겠다는
주사,
만끽하는 이 고뇌.

목어를 놓아주다

눈물인 듯 번진 나이테
스며든 별의 이름
새겨진 꿈, 하늘 끝 매달려
달빛 실린 비늘을 떤다
바람에
멀미나는 기다림
원이 되어 서 있는지.

날개 단 지느러미
풀물 든 기도 새기며
구름 속 휘저어
길어 올린 물결은
낯선 새 깃 떨며 내는
날이 서는 울림이다.

무지개 그림자 밟아
흔들리는 잎새들
고요히 귀에 담는
발길 잦은 하루살이
물고기
파닥이는 공명은
못내 지켜야 할 여운.

쉼 없는 손길로
빚어낸 공든 열화,
천 갈래 찢긴 찰나를
구슬 굴리며 이은 탑
마주친
눈빛 새기며
별들에 기대어 잔다.

만물을 건지다 보면
구름 밖은 노을 꽃 펴
하늘색 따라 깊어지는
목어의 희디 흰 눈
마침내
만상의 매듭,
물길 위에 풀린다.

— 無爲自然 1201

망각의 포옹

넘보던
햇빛 아래
꽃답던 젊은 흔적

조화弔花인 듯
조화造花인 듯
파르르 떨어진다

감기어
품에 안기는 것
얼룩진 기별 한 조각.

돌아든
연유들은
폭발할 듯 빛나는데

눈뜨면
빈손일 뿐
머문 꽃 하나 없다

망각의
차양을 들어
다시 품는 이 거리.

서성이다 꽃물 들다

너와 나
서성이던 자리
속삭였던 메타포

그 밀어 껴안은 놀빛
내 앞에 여전한데

두고 간
꽃물 든 말들
별이 되어 떠 있다.

밤을 타
종종 걸음
숨 가삐 달려온 너

꿈인 듯
숨결인 듯
입김이 따뜻했다

어쩐지
수줍던 그 밤
어둠마저 고왔다.

—— 늘봄 1

—— 自然無爲 16

피안의 오수

서늘한 이부자리에
낙화한 낱말일까

마취 뒤의 묵언,
광장은 먹빛인데

코끝에
감기는 숨결
잠재우는 언어들.

외침을 되뇌이며
나를 잊은
일곱 날

물빛만 고여드는
갈증난 마른 둘레에

묶음 속
접어둔 인고
저 피안의
긴 낮잠.

—— 목련의 봄

상사초

불이 난다, 저기 저곳
몰래 지른
사랑일까

여밀수록 번지는
봄바람
흔들리는 빛

숨결 밴
땅, 잃어버릴라
서둘러 돌아가자.

흥을 걸친
악사들
상사초 입에 물고

슬픔에 피멍든
노을 내린
빌딩 아래로

질펀한
혈흔 없어도
축배 드는 긴 행렬.

어둔 골목,
열린 문으로
가화 흩뿌려져

바람에
적신 손길
가로등 흔든다

이마에
밤이 머물면
비로소 사는 매무새.

—— 신화시대 2

상상, 원색으로

풀잎에
이슬 스친
가벼운 흔들림이

손끝 건드리며
달뜬 바람을 낸다

눈빛을
반짝이면서
내게 스며든 밀어.

속살에 깊이 박혀
열광하는
고독의 높이

만지며
보듬으며
내 안에 깃들 때

색종이
붙이고 보면
세상은 아름다울까.

가을 햇살

느긋이 살 오른 해가
가을하늘에 기대어

여름내 노닐던 푸름
슬몃슬몃 밀어 낸다

넉살이
사뭇 펑퍼짐한
잘도 익어 푸근한.

—— 自然無爲 1

봄날, 간지러움

밤내 헝클어진 마음결
곱게 빗어 찰랑인다
봄볕 머리에 이고
따뜻이 달아오른 눈매
바람에 물든 얼굴이
꽃보다 부끄럼 탄다.

앉은 키, 발끝 간지러운
보랏빛 제비꽃도
가만 고개 내밀어
바깥 녘 살피는데
여린 눈 마른가지 비집어
기지개 켜는 이른 봄.

고향에 내려간 낮잠

생각을 누비고 기워
닳은 속내 해진 가슴

야무지게 꿰매어서
탁탁 털어 내다넌다

그리운 곳 기웃대며
펄럭이는 마음 자락.

풀밭에 드러누워
뒹굴뒹굴 해바라기

슬그머니 치근대는 볕
간지러워 웃음 머금고

눈 뜨면 다시금 서울
낮잠 끝에 달아난 빨래.

—— 自然無爲 9

서정의 취사
- 쌀을 씻다가

담아 보았더니 손에 가득 찼다. 무던한 물인데도 살갑게 달라붙는다.
손금을 드나들면서 숨결은 늘 고르다.

햇빛을 이고 서서
눈매가 문득 말갛다

이끼가 필적에는
흐르던 땀도
머뭇해

봉긋이 부푸는 서정
쌀이 익고 봄을 달인다.

푸른 은둔

한가득
햇빛 머금은
나무
여름 매달고

더위
잊으려는 발길들
서울 한낮 비운다

빈 집엔
매미울음만
짐 푸는
푸른 은둔.

—— 無爲自然 1203

손톱에 달이 뜬다

그믐달,
선지피 닮은
서늘한 입술 있어

짓이긴
핏물 머금고
첫사랑 기다린다

불그레 두근거리는
손톱 위의
봉숭아물.

―― 自然無爲 2

서울 한밤

꽃물 같은
네온 사이로

빙글 도는
눈빛 하나

노래에
하루를 얹어

휘청대며 풋잠 온다

오늘의 설움, 꾸벅이다
놓쳐버린
가락들.

언젠가의 연애편지

다정한 고백 속의
옛 짝사랑은
바스락
꽃무늬

날것의 마음을
글에
굴려
넘치는
치장

여태껏 들키지 않은 속내
모레쯤엔 부쳐야지.

꽃을 꺾지 마세요

퇴폐가 상냥하다
꽃잎의
환한 품새

낭자한 은유들을
밀치는
고운 정적

현학을
방긋 놀리는
그 교태의 직설법.

—— 月梅

옥적玉笛

1
가슴을 적시고 드는
그윽한 흔들림 있어

손 짚어 더듬어 가면
한가득 고이는 가람

소롯이 시름도 잊고
옛길 속을 거닌다.

청노루 꿈을 깁는
흰 새벽도 지나고

꽃배암 나들이 납시는
봄뜰을 밟고 간다

맺힌 한 깊은 사연도
아침 속에 풀린다.

── 無爲江山 1

2
동구 밖 아씨한테
비슴히 세속을 묻다

구름과 바람과 산과
물을 마시며
흐르는 입김

핏줄로 얽혀온 즈믄 해
어디쯤에 쉬일까.

애닯듯 스러질 듯
여태도 감기고 든다

소리 따라 저물고 새는
흰 이마, 초롬한 생각

사철을 기다림에 살며
달빛 아래 웃는 꽃.

3
길에서
바다에서
싸리꽃 깔린 산비알에서

치솟는 굴뚝의 무게,
그 끈끈한 산실産室 속에서

뜨거운
참으로 뜨거운
금을 캐는 내 소리.

환멸을 앓다가도
버티듯 유유하게

병상을 느껴 쉽다가도
문득 깨닫는 황홀

억겁을 다스려 숨쉴
너와 나의
숲이여.

– 1970년 서울신문 신춘문예 당선

—— 雪日 1

눈 오는 날

저무는 날
저무는 날같이
밀려오는 그리움

젖빛으로 물든
꽃 앞에서
자기瓷器처럼 희게 웃으면
아, 송이송이 내리는
은혜의 강

노래여
강이 되는 노래여
가슴엔 이토록
물이 오른다.

은행나무 아래서

금빛을 쏟아내며
낱낱이 흩어지는 상처

바람을 견디던 자리
손풍금 소리,
고여 넘친다

유리알, 부서지는 속
환히 트이는
그 날의
숲.

꽃피던 한때를 더듬는다
눈이 마주치는
멀리 아픔도 잠그고

한 잎씩 묻어나
눈에 밟히는
긴 오수午睡

속눈썹 짙은 친구야
예서 우린 노래나 하자.

회억回憶

한날, 문득
생각은 그냥 불타

꽃을 머금은 듯
보석같이 듣는 빛

바래서
회억이 더욱 고와
아, 스쳐가는 얼굴.

아쉬워 머물게 한
그 사람 길든 모습

몰래 열어보며
눈물로 지내려는데

가끔은
펄펄
튕겨 안기는
살아 숨쉬는 비늘.

노래를 외던 시절
강을 타고 반짝이네

여름을 거닐었더니
손금을 포개었더니

수천의
눈들이 별을 닮듯
나 또한 별이 된다.

어머니

앙상한 가지 끝에
바람도
머물다 가고

추운 방 살로 덥히고
수심도
다독이며

해종일
무료無聊를 깁으시는
조요로운
그 모습.

짜디짠
눈물이 배어
밀쳐놓은 반짇고리

실이며 바늘이며
골무며
헝겊 조각

주름진 치마폭 속에
손마디를
모으네.

—— 無爲自然 1206

별리

모두가 떠난 자리,
이 구석진
표적 위에

그대는
외롭지 않은
한 그루
나무로 서고

창가에
얼룩지는 얼굴
내 가슴을 적시네.

—— 無爲自然 1207

바람

한
–올
손에 쥐고
가만히 들여다본다

풀내,
꽃내가 섞여
머리가 말갛다

그 속에 숨을 포개면
큰
문이
열린다.

그대 눈빛은

그대 눈빛은
밤을 깁는 돗바늘

그 아픔에 눈을 뜨면
인연의 실 끝이 여기 닿는가

끝없는
마음의 누비질
열 손톱에 피가 맺힌다.

—— 自然無爲 15

길을 가다가

길을 가다
문득 서서
괜히 움찔해 진다

길에 와
머무는 것
온화한 봄볕일레

점점이
찢긴 날개를
누군가 꿰매고 있다.

생각을 추슬리듯
꽃이 피는

그 밑둥지엔
또 시나브로 꽃이 지고

질펀히 깔리며 스미는 것
품안에 집어넣고
거닌다.

— 雪日 2

점묘點描

그 날,
어깨를 건드리는
꽃의 발음

빛 되어 갈라지든…
환히 불티로 내든…

몰라라 뜨락을
서성이다
날았으면 싶어라.

저물 듯 오시는 이

저물 듯 오시는 이
늘
섧은
눈빛이네

엉겅퀴 풀어놓고
시름으로
지새는
밤은

봄 벼랑
무너지는 소리
가슴 하나 깔리네.

진달래

산기슭
질펀히 누워
삼월을 안고 떠는

잘 익은
봄볕에 닿아
살 냄새의
유혹이며

몸뚱이
서리고 서리어
손자욱 남은
생채기….

―― 신화시대 3

목숨

햇빛
언저리에 달려
장다리는 춥네

눈먼 바람 넘나들면
꽃대는
서로 부딪치네

진종일
살을 비꼬아
푸른 멍이 들겠네.

산

쌓인 눈 다 녹는데
책력도 없는 세월

안으로
안으로만
회한의 여울은 흘러

주름진
어느 기슭에
풀꽃 하나
피운다.

가끔씩 기침을 하는
소소리 바람 속에

가다가 더듬거려도
푸르른
그대 음성

이 하루
곤한 다리를
하냥 딛고 서있다.

—— 無爲自然 1209

인연因緣

그는 아니 오고
홀로
가슴을 앓네

행여 닿을까 싶어
손을 뻗치어 보건마는

타는 듯
사위는 눈빛은
늘상
재로 날리네.

—— 無爲自然 15

—— 天桃

가을

새벽을 깔고
지나가는
긴 은총의
숲이여

가지에 설레는 말씀
물빛은
더욱 깊고

세상을
한눈에 담아도
아프지는 않겠네.

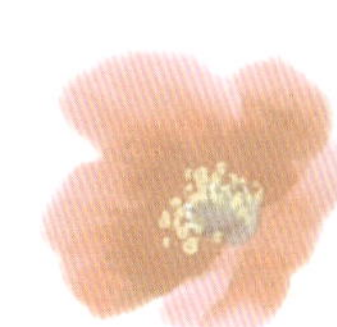

꽃잎

잇새에
잘근 씹으면
잔잔히
선지피 으깨진다

봄 사월 모질다가도
웃어버릴까
웃어버릴까

노을에
물들어 서서
홍건히 배앝는 꽃잎.

—— 늘봄 2

소녀

1
햇살에
그을리는 건
꼭
살빛만이 아니다

바람에
눈을 다치는 건
입맞춤만이 아니다

꽃비늘
다투어 흐르는
뜰에
마악
꿈길 트인다.

2
곧 봄이 지겠지
하 많은
눈물을 접어

희고 말간
속살에
한 점
혈흔을 뿌리노니

아씨야
참 예쁜 아씨야
훠이훠이
날개를 달자.